Business Choice Theory Proficiency Test

ビジネス選択理論能力検定

3級公式対策本

3

まえがき

　ビジネス選択理論能力検定3級は、選択理論心理学に基づき、職場におけるモチベーション管理、ストレス管理を身につけていただくための検定です。2013年にはじまった本検定の受検者数は、年々増加傾向にあります。ビジネス領域においても心理学に基づいたセルフケアが必要とされていることの表れだとも言えるでしょう。

　本書は、ビジネス選択理論能力検定3級の合格を目指す方々の、基礎的な選択理論の知識習得と、実生活における選択理論の活用を支援するために制作されました。

　本書は、ビジネス選択理論能力検定3級公式テキストに準拠しつつ、初めて3級の範囲を学習される方にとっても、わかりやすい表現となるよう努めました。各単元は、理論編・演習編・解説編で構成されており、読む学習のみならず、問題を解くことで、さらに実力を養っていただくことを狙いとしています。なお、試験範囲はあくまでもビジネス選択理論能力検定3級公式テキストとなります。3級の合格を目指される方は、公式テキストもあわせて学習してください。

　一人でも多くのビジネスパーソンが、ビジネス選択理論能力検定3級の合格に向けた学習に取り組み、良好な人間関係とパフォーマンスを両立されることを願っています。

令和3年10月
一般社団法人日本ビジネス選択理論能力検定協会

一般社団法人
日本ビジネス選択理論
能力検定協会とは

　現代社会において、現在の仕事や職業生活に対して、強いストレスを感じる事柄がある労働者の割合は、54.2％という調査結果があります。(※) その内容は、「仕事の質・量」が56.7％と最も多く、次いで「仕事の失敗、責任の発生等」が35.0％、「対人関係」が27.0％となっています。

　今ビジネスパーソンには、ストレスから身を守り、上司、部下、先輩、後輩やお客様とより効果的な人間関係を築く方法を身につけ、高い生産性を発揮することが求められています。

　本協会は、選択理論心理学をビジネスに適用することで、職場におけるより良い人間関係とパフォーマンスの両立を目指して設立されました。

　選択理論心理学は、アメリカの精神科医ウイリアム・グラッサー博士が提唱した、新しい心理学です。選択理論では、人がなぜ行動をするのかという、人の行動のメカニズムを示しています。選択理論心理学をもとに、人の行動のメカニズムを理解し、実生活に活かすことで、個人のセルフコントロール能力の向上や、より良い人間関係を構築する能力が高まります。

（※）令和2年「労働安全衛生調査（実態調査）」の概況
https://www.mhlw.go.jp/toukei/list/dl/r02-46-50_gaikyo.pdf

ビジネス選択理論能力検定
概　要

　ビジネス選択理論能力検定は、3級、2級、準1級、1級と4つのレベルで構成されています。それぞれの学習目的と学習内容は、下表のとおりです。

	3 級	2 級	準 1 級	1 級
主要な対象者	若手社会人〜就職活動生	係長〜主任クラスまた、これを目指す人	部長〜課長クラスまた、これを目指す人	経営者また、これを目指す人
学習目的	選択理論に基づく自己のマネジメントができる	1対1のマネジメントができる	1対マスのマネジメントができる	選択理論に基づく組織の仕組みづくりができる
学習内容	選択理論の基礎的な知識と、職場における応用	選択理論の十分な知識と、マネジメントの基礎的な知識	選択理論の深い理解と、マネジメントの技術	選択理論の深い理解と、組織をマネジメントする技術

　本書が対象としている、ビジネス選択理論能力検定3級は、「自分で自分の効果的なコントロールができる」という点に焦点をあて、職場におけるより良い人間関係とパフォーマンスの両立を目指します。

　3級の学習目的は、「選択理論に基づく自己のマネジメントができる」こととし、「選択理論の基礎的な知識と、職場における応用」を学びます。

3級試験
概 要

■ **出題範囲**　ビジネス選択理論能力検定
3級公式テキストのすべて

■ **出題方法**　大問4〜5題
記述式問題、多肢選択問題

■ **試験時間**　80分間

■ **合格基準**　満点の70%以上

■ **合格者**に求められるレベル

・自己のモチベーション管理、ストレス管理を選択理論に
基づき行うことができる

・他者の言動から、その欲求プロフィールを予測し、適切
な行動を選択することができる

Contents

本書の使い方

本書は、理論編・演習編・解説編で構成されています。

理論編

知識を確認し、理解をするためのページです。付属の赤シートを活用し、各単元の正確な知識を身につけてください。また、ビジネス選択理論能力検定3級公式テキストの該当範囲もあわせて読み、理解を進めてください。

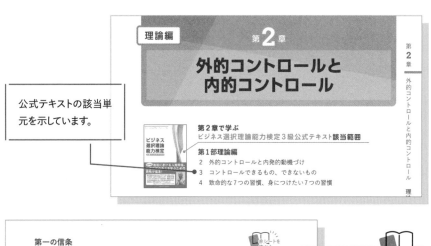

公式テキストの該当単元を示しています。

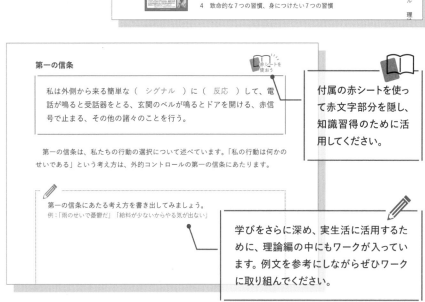

付属の赤シートを使って赤文字部分を隠し、知識習得のために活用してください。

学びをさらに深め、実生活に活用するために、理論編の中にもワークが入っています。例文を参考にしながらぜひワークに取り組んでください。

基本問題

正誤問題、穴埋め問題、単語記述問題などの演習（基本問題）に取り組むページです。基本問題を通して、理論編で学んだ基礎知識を、どれくらい身につけることができているかを確認することができます。基本問題はすべて正解できるようになるまで繰り返し解きなおし、選択理論の知識習得に活かしてください。

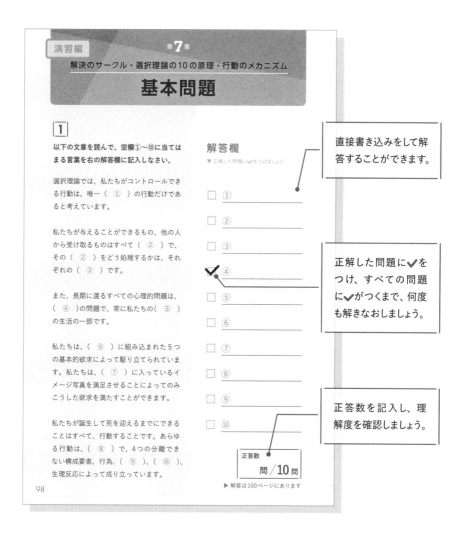

応用問題

記述式の演習（応用問題）に取り組むページです。応用問題を通して、選択理論の理解を深めてください。選択理論の学びをどのように実生活で活かしているのかを自分の言葉で文章にすることで、学びをさらに整理することができます。また、実際に検定で出題される記述式問題の対策としても活用してください。

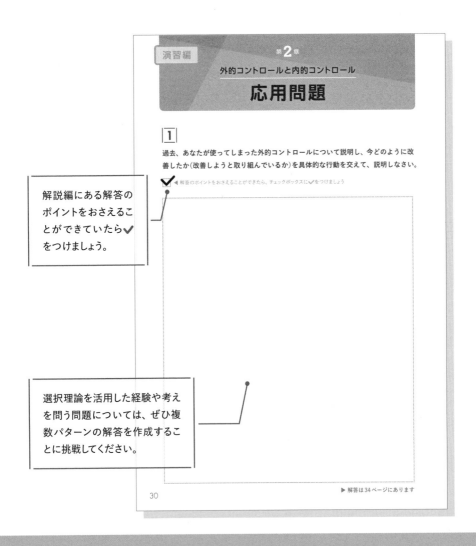

解説編にある解答のポイントをおさえることができていたら✔をつけましょう。

選択理論を活用した経験や考えを問う問題については、ぜひ複数パターンの解答を作成することに挑戦してください。

解説編

基本問題・応用問題の解答と解説を記載しています。特に応用問題は、解答例のみならず解説をよくお読みください。解説では「問題で問われていたこと」「解答のポイント」について記載しています。解説をお読みいただくことで、選択理論のどの知識が足りていなかったのか、自分の苦手なポイントを確認できます。苦手分野を確認したうえで再度、該当単元に取り組んでください。

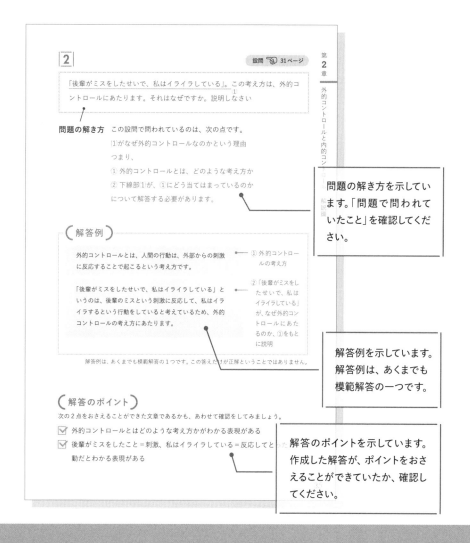

2

設問 🐟 31ページ

第2章 外的コントロールと内的コントロール 解説編

「後輩がミスをしたせいで、私はイライラしている」。この考え方は、外的コ
ントロールにあたります。それはなぜですか。説明しなさい
　　　　　　　　　　　　　　　　　　　　　　①

問題の解き方　この設問で問われているのは、次の点です。

①がなぜ外的コントロールなのかという理由

つまり、

① 外的コントロールとは、どのような考え方か

② 下線部①が、①にどう当てはまっているのか

について解答する必要があります。

問題の解き方を示しています。「問題で問われていたこと」を確認してください。

（ 解答例 ）

外的コントロールとは、人間の行動は、外部からの刺激
に反応することで起こるという考え方です。

● ① 外的コントロールの考え方

「後輩がミスをしたせいで、私はイライラしている」と
いうのは、後輩のミスという刺激に反応して、私はイラ
イラするという行動をしていると考えているため、外的
コントロールの考え方にあたります。

● ② 「後輩がミスをしたせいで、私はイライラしている」が、なぜ外的コントロールにあたるのか、①をもとに説明

解答例は、あくまでも模範解答の1つです。この答えだけが正解ということではありません。

解答例を示しています。解答例は、あくまでも模範解答の一つです。

（ 解答のポイント ）

次の2点をおさえることができた文章であるかも、あわせて確認をしてみましょう。

☑ 外的コントロールとはどのような考え方かがわかる表現がある

☑ 後輩がミスをしたこと＝刺激、私はイライラしている＝反応してとった行
動だとわかる表現がある

解答のポイントを示しています。作成した解答が、ポイントをおさえることができていたか、確認してください。

11

第1章

心理学の歴史と選択理論

第1章で学ぶ
ビジネス選択理論能力検定3級公式テキスト該当範囲

第1部理論編
　1　心理学の歴史と選択理論の概要
第2部実践編
　1　イントロダクション

1. 心理学の歴史

赤シートを
使おう

> 科学的な心理学は、歴史の浅い分野です。20世紀前半に、観察可
> 能な現象のみを実験の対象とする（　行動主義　）心理学が発展し、
> その後「内面的な心の動き」を検証しようと、（　認知　）心理学
> が登場しました。

☐ 心理学のはじまり

　一説には1879年、ヴィルヘルム・ヴントが実験心理学の実験室を運営しはじめたときから、
「それまでの哲学的な心理学から、実証的な心理学に移行した」と言われています。

☐ 行動主義心理学

　イワン・パブロフの行った条件反射に関する「パブロフの犬」の実験などが有名です。また、
選択理論がコントロール理論という名称だった時代には、外的コントロールという言葉ではな
く、刺激－反応理論と比較されていました。刺激－反応理論とは、行動主義心理学に基づく、
一定の刺激に対して、一定の反応が期待されるという考え方です。

☐ 認知心理学

　行動主義心理学にも限界が露呈し認知心理学が発展しました。人間の行動要因をふたたび意識に求めましたが、哲学的アプローチではなく、科学的アプローチをとりました。

2. 選択理論心理学の歴史

赤シートを
使おう

選択理論心理学は、アメリカの（　ウイリアム・グラッサー　）博士が（　1996　）年に提唱した心理学です。当初は、（　コントロール　）理論と呼ばれていました。

ウイリアム・グラッサー博士
（1925-2013）

グラッサー博士は、精神科医として『リアリティ・セラピー』というカウンセリング手法を確立しました。これを理論的に発展させ、整理したものが（　選択理論心理学　）です。またグラッサー博士は、選択理論を応用した学校である（　クオリティ・スクール　）を設立するなど、カウンセリングにとどまらない取り組みをしました。

☐ 薬を使わない精神科医

　グラッサー博士は、薬を使わない精神科医として有名でした。薬物による治療に疑問をもった理由は、薬は副作用が強いだけではなく、治療が必要となった原因（不満足な人間関係などのストレス要因）の根本的な解決にはつながっていないからです。

☐ リアリティ・セラピー

　グラッサー博士は、診療を重ねる中で、薬を使わない『リアリティ・セラピー』というカウンセリング手法を確立します。1965年に発刊された『現実療法』は、アメリカで大きな反響を呼びました。

現在、選択理論は主に4つの分野に応用されています。

1．カウンセリング領域
選択理論を応用したカウンセリングを（　リアリティ・セラピー　）と呼びます。

2．学校領域
選択理論をもとにした学校を（　クオリティ・スクール　）と呼びます。認定には一定の基準があり、認定を目指す学校は全世界で250校を超えています。

3．マネジメント領域
選択理論をもとにしたマネジメントを（　リード・マネジメント　）と呼びます。

4．生活領域
選択理論は、個人のより良い生活（　パーソナル・ウェルビーイング　）にも効果があると言われています。

選択理論心理学は、上記のようにさまざまな分野に適用されていますが13ページにあるように、もとはリアリティ・セラピーというカウンセリング手法を発展させたものです。そのため本検定では、選択理論をビジネス分野へ適用するうえで、カウンセリングとビジネスの違いを次のように整理しています。

① カウンセラーは通常第三者であるが、ビジネスの現場では、同僚というすでに知っている間柄であったり、上司・部下という立場の違いがあるために、利害を共にしたり、異にする場合がある
② 会社には会社のルールが存在しており、簡単には変えられないことが多い
③ 定められた期限と達成すべき目標がある

第**1**章

心理学の歴史と選択理論
基本問題

1

以下の文章を読んで、正しいものには○、誤っているものには✕を右の解答欄に記入しなさい。

① 行動主義心理学は、認知心理学の後に誕生した。

② 選択理論心理学は、当初は「コントロール理論」という名称だった。

③ 選択理論心理学は、1965年に提唱された。

④ グラッサー博士は、内科医だった。

⑤ 選択理論をもとにしたマネジメントをリード・マネジメントと呼ぶ。

⑥ グラッサー博士は、公教育にも関心をもち、クオリティ・スクールの設立など、カウンセリングにとどまらない取り組みをした。

解答欄

▼ 正解した問題に✔をつけましょう

☐ ①　_____

☐ ②　_____

☐ ③　_____

☐ ④　_____

☐ ⑤　_____

☐ ⑥　_____

正答数

問／**6**問

▶ 解答は16ページにあります

解答

(**基本問題　解答**)

1

① ✕　行動主義心理学は、認知心理学の前に
誕生しました。

12ページ参照

② ○　文章のとおりです。

13ページ参照

③ ✕　1965年に提唱したのは、リアリティ・
セラピーです。その後、リアリティ・
セラピーを理論的に整理し、体系化し
1996年に提唱したのが選択理論心理学
です。

13ページ参照

④ ✕　グラッサー博士は、精神科医でした。

13ページ参照

⑤ ○　文章のとおりです。

14ページ参照

⑥ ○　文章のとおりです。　クオリティ・スク
ールを目指す学校は、全世界で250校
を超えています。

13ページ参照

第**2**章
外的コントロールと内的コントロール

第2章で学ぶ
ビジネス選択理論能力検定3級公式テキスト該当範囲

第1部理論編
2　外的コントロールと内発的動機づけ
3　コントロールできるもの、できないもの
4　致命的な7つの習慣、身につけたい7つの習慣

1. 外的コントロールとは

赤シートを使おう

> 外的コントロールとは、人間の行動は外部からの（　刺激　）に
> （　反応　）することで起こるという考え方です。

外的コントロール

刺激　反応　反応　環境　情報　反応　反応　他の人の言葉・態度

　外的コントロールの考え方は、選択理論心理学とは相反する考え方です。しかし、私たちが生まれてすぐにできることは、泣くことやわめくことで母親にミルクをもらったり、おしめを替えさせたりすることのため、私たちは外的コントロールを先に身につけてしまうとグラッサー博士は述べています。

「生まれたときに、私たちにできることは、泣く、ぐずつく、吸う、手足をばたつかせることぐらいである。この泣く、ぐずつくことは、怒りの初期表現で、母親に何かをしてほしいために母親を強制する手段である」
〔グラッサー博士の選択理論（2000）p.51〕

17

2. 外的コントロールの信条

　グラッサー博士は、外的コントロールについて3つの信条^(※)にまとめています。第一の信条から、第三の信条にかけて、外的コントロールを使うべきであるという考え方は（　積極的　）になっています。

（※）信条とは、正しいと信じ堅く守っている事柄です

第一の信条

> 　私は外側から来る簡単な（　シグナル　）に（　反応　）して、電話が鳴ると受話器をとる、玄関のベルが鳴るとドアを開ける、赤信号で止まる、その他の諸々のことを行う。

　第一の信条は、私たちの行動の選択について述べています。「私の行動は何かのせいである」という考え方は、外的コントロールの第一の信条にあたります。

　第一の信条にあたる考え方を書き出してみましょう。
　例：「雨のせいで憂鬱だ」「給料が少ないからやる気が出ない」

第二の信条

> 私は、人がしたくないことでも、自分が（ させたい ）と思うことをその人にさせることができる。そして他の人も、私が考え、行為し、感じることを（ コントロール ）できる。

第二の信条は、対人関係の観点が入ります。「私の行動は誰かのせいである」という考え方や、「私は他者の行動を変えることができる」という考え方も第二の信条に当てはまります。

また、第二の信条に生きる人は、自分の行動や発言の責任を他者になすりつける傾向があります。

第二の信条にあたる考え方を書き出してみましょう。
例：「上司に叱られたせいで、やる気をなくした」
　　「結果が出ない後輩を怒鳴って、成績を上げさせよう」
　　「本当はやりたくなかったんです、言われたことをやっただけです」

私の言うとおりのことをしない人をばかにし、（　脅し　）、（　罰　）を与える、あるいは、言うことを聞く人に（　褒美　）を与えることは、（　正しい　）ことであり、私の道義的な（　責任　）である。

　第三の信条は、コミュニケーションにおいてより積極的に外的コントロールを使うべきだという考え方です。グラッサー博士は、『警告！』という書籍の中で、第三の信条は「私は『私にとって何が正しいかを知っている』だけではなく、『他の人にとっても何が正しいかを私は知っている』と言うことである」とも述べています。

第三の信条にあたる考え方を書き出してみましょう。

　例：「営業は、契約がとれなければ給与カットが当然だ」

　　　「上司の指示は絶対に聞くべきだ」

　　　「私の言ったとおりにしないなんて、ばかなやつだ」

　　　「宿題をしない子どもに罰を与えることは正しい」

3. 内的コントロールとは

　選択理論では、外的コントロールに対して、私たちの行動は内側から動機づけられていると考えています。

赤シートを使おう

> 　内的コントロールとは、あらゆる現象や状況は（　情報　）に過ぎず、私たちは（　情報　）をもとに、自分でそのとき自分にとって（　最善　）と思われる行動を、（　内発的　）に（　選択　）しているという考え方です。

内的コントロール

選択　情報
情報
選択　**基本的欲求**　選択
　　　　↓
　　　上質世界
情報　　　情報
選択

　内的コントロールの考え方では、降っている雨や、怒っている上司、株価など、脳の外側にあるすべてのことは情報だと考えます。

　それらの情報をもとに、自らがすべての行動を選択しているのです。

「私たちが他人から得るもの、他人に与えるものはすべて情報であり、情報はそれ自体で私たちに何かをさせることも、何かを感じさせることもできない」

〔グラッサー博士の選択理論（2000）p.20〕

4. 外的コントロールと内的コントロール

　ここからは、外的コントロールと内的コントロールの考え方の違いについて、次の2つのケースから考えてみましょう。

> ケース①　携帯の着信音が鳴り、電話に出た

このケースは、次のように考えることができます。

外的コントロールの考え方　「携帯電話が鳴ったという刺激に反応して電話に出た」

内的コントロールの考え方　「携帯電話が鳴ったという情報を受け取り、電話に出るという行動を選択した」

図にすると次のとおりです。

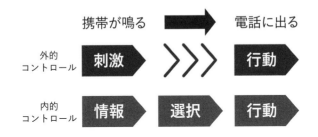

　外的コントロールの考え方の場合、携帯が鳴ると電話に出るという行動をすることが決まっています。しかし実際には運転中や苦手な上司からの電話の場合、電話に出ないという選択をすることもあるでしょう。内的コントロールの考え方では、携帯が鳴るというのはあくまでも情報であり、さまざまな選択肢がある中で、電話に出るという行動を**選択**していると考えます。

ケース② 私は上司に叱られ、やる気をなくした

このケースは、次のように考えることができます。

外的コントロールの考え方 「上司が私を叱るという刺激に反応し、やる気がなくなった」

内的コントロールの考え方 「上司が私を叱るという情報を受け取り、私はやる気をなくすという行動を選択した」

　外的コントロールの考え方と、内的コントロールの考え方を明確に分けて書き表すと、上記のような文章となります。あえて書き表していますので、少し違和感をもつかもしれません。一般的には外的コントロールの場合は、「上司に叱られた<u>せいで</u>、やる気がなくなった」「上司が私のやる気をなく<u>させた</u>」と表現されるでしょう。

　このケースの場合も、上司に叱られて、次こそは期待に応えようとやる気を出す人もいるかもしれません。つまり、上司が私を叱るということが、必ずしもやる気を失わせるわけではありません。

　内的コントロールの考え方では、上司が私を叱るという情報を受け取り、私は（さまざまな行動の選択肢がある中から）やる気をなくすという行動を**選択**したと考えます。

　なお、ここでは深く説明はしませんが、選択理論心理学を深く学ぶと、そもそも「上司が私を叱った」という捉え方も、本人の選択であると考えます。

仕事で外的コントロールを
受けたときの対処法

　ここまで、私たちは外部からの刺激に反応しているのではなく、脳の外側にある情報を判断し、行動を「選択」しているのだと学んできました。

　選択理論を学びはじめると、多くの人は、まず自分自身が周りの人に外的コントロールで関わることをやめ、内的コントロールで関わろうとします。しかし、自分が選択理論を実践しようと取り組んでも、上司や同僚、周りの人たちから、外的コントロールを受けてしまう可能性はあります。

　そのようなとき、どうすればよいのでしょうか。

職場での外的コントロールの例
職場の先輩から
「そんな仕事の仕方でいいと思っているのか！　社会人失格だな」
と言われたとき

1．外的コントロールを使って対抗する
2．落ち込み、泣く
3．外的コントロールを使う人は間違っているから無視する

　さまざまな選択肢があります。もちろん、外的コントロールを許容することはできません。しかし、外的コントロールを使う人の中には、それしか知らないという人もいます。もし、頭ごなしに「あなたは間違っている」と言えば、相手との距離は遠ざかってしまうでしょう。まず、自分がコントロールできるものに焦点をあててみることです。たとえば、相手の意見や発言の目的を考えることで、より良い選択肢をもつことができるかもしれません。一度時間をおいて話し合うことで、冷静になることもできるかもしれません。

　外的コントロールを受けてしまったとしても、どのように対処し、身を守り、自らをコントロールするかは、自分で選ぶことができるのです。

5.致命的な7つの習慣と身につけたい7つの習慣

> グラッサー博士は、典型的な外的コントロールの態度のリストを、
> （ 致命的な ）7つの習慣、典型的な内的コントロールの態度の
> リストを、（ 身につけたい ）7つの習慣と呼びました。

致命的な7つの習慣	身につけたい7つの習慣
（ 批判 ）する	（ 傾聴 ）する
（ 責める ）	（ 支援 ）する
（ 文句 ）を言う	（ 励ます ）
（ ガミガミ ）言う	（ 尊敬 ）する
（ 脅す ）	（ 信頼 ）する
（ 罰 ）する	（ 受容 ）する
目先の（ 褒美 ）で釣る	意見の違いを（ 交渉 ）する

なお、これらの習慣は代表的な習慣であり、他にも外的コントロールの態度や内的コントロールの態度はさまざまあります。

　致命的な7つの習慣を使わなくなるだけでも、人間関係は劇的に改善します。「**この行動は、私と相手の距離を近づけるだろうか、それとも遠ざけてしまうだろうか」と一瞬考えたうえで行動に移す**と、外的コントロールを使うことは格段に減っていきます。

職場で内的コントロールに
基づいた行動を実践する

　ビジネスにおいて成果を上げるために、良好な人間関係は重要です。そして、良好な人間関係を築くためには、外的コントロールをやめ、内的コントロールを実践することが重要です。25ページに掲載された致命的な7つの習慣・身につけたい7つの習慣は、グラッサー博士があくまでも外的コントロール・内的コントロールの「典型的な態度」としてあげたものです。

　ここでは、職場で内的コントロールを実践するために、「相手との距離を遠ざける言葉・行動」「相手との距離を近づける言葉・行動」について考えてみましょう。

職場において「相手との距離を遠ざける言葉・行動」を書き出しましょう。
例：舌打ちをする・意見をまったく聞かず無視する

職場において「相手との距離を近づける言葉・行動」を書き出しましょう。
例：自分の仕事が終わったら「何かできることはありますか？」と上司に確認する
　　後輩の話を最後までさえぎらずに聞く

外的コントロールと内的コントロール

基本問題

1

以下は、外的コントロールの3つの信条である。空欄①～⑨に当てはまる単語を右の解答欄に記入しなさい。

第一の信条

私は外側から来る簡単な（　①　）に（　②　）して、電話が鳴ると受話器をとる、玄関のベルが鳴るとドアを開ける、赤信号で止まる、その他の諸々のことを行う。

第二の信条

私は、人がしたくないことでも、自分が（　③　）と思うことをその人にさせることができる。そして他の人も、私が考え、行為し、感じることを（　④　）できる。

第三の信条

私の言うとおりのことをしない人をばかにし、（　⑤　）、（　⑥　）を与える、あるいは、言うことを聞く人に（　⑦　）を与えることは、（　⑧　）ことであり、私の道義的な（　⑨　）である。

解答欄

▼ 正解した問題に✔をつけましょう

☐ ①

☐ ②

☐ ③

☐ ④

☐ ⑤

☐ ⑥

☐ ⑦

☐ ⑧

☐ ⑨

正答数

問／**9**問

▶ 解答は32ページにあります

2

以下は、外的コントロールと内的コントロールについて、それぞれどのような考え方かを説明したものである。空欄①〜⑩に当てはまる単語を右の解答欄に記入しなさい。

外的コントロールとは、人間の行動は外部からの（ ① ）に（ ② ）することで起こるという考え方です。

一方、内的コントロールとは、あらゆる現象や状況は（ ③ ）に過ぎず、私たちは（ ③ ）をもとに、自分でそのとき自分にとって（ ④ ）と思われる行動を、（ ⑤ ）に（ ⑥ ）しているという考え方です。

たとえば、電話が鳴り受話器をとったとします。この行動を、外的コントロールをもとに考えると、電話が鳴ったという（ ⑦ ）に（ ⑧ ）して受話器をとったと考えられます。

一方で、この行動を内的コントロールをもとに考えると、電話が鳴ったという（ ⑨ ）を受け取り、受話器をとるという行動を（ ⑩ ）したと考えられます。

解答欄

▼ 正解した問題に ✔ をつけましょう

☐ ①　_____

☐ ②　_____

☐ ③　_____

☐ ④　_____

☐ ⑤　_____

☐ ⑥　_____

☐ ⑦　_____

☐ ⑧　_____

☐ ⑨　_____

☐ ⑩　_____

正答数

問／**10**問

▶ 解答は32ページにあります

3

以下の表の空欄①〜⑩に当てはまる単語を
右の解答欄に記入しなさい。

（ ① ）な7つの習慣
（ ② ）する
責める
文句を言う
（ ③ ）言う
脅す
（ ④ ）する
目先の（ ⑤ ）で釣る

（ ⑥ ）7つの習慣
傾聴する
（ ⑦ ）する
励ます
尊敬する
（ ⑧ ）する
（ ⑨ ）する
意見の違いを（ ⑩ ）する

解答欄

▼ 正解した問題に✔をつけましょう

☐ ①　_____

☐ ②　_____

☐ ③　_____

☐ ④　_____

☐ ⑤　_____

☐ ⑥　_____

☐ ⑦　_____

☐ ⑧　_____

☐ ⑨　_____

☐ ⑩　_____

正答数

問／**10**問

▶ 解答は33ページにあります

29

1

過去、あなたが使ってしまった外的コントロールについて説明し、今どのように改善したか（改善しようと取り組んでいるか）を具体的な行動を交えて、説明しなさい。

◀ 解答のポイントをおさえることができたら、チェックボックスに✔をつけましょう

▶ 解答は34ページにあります

②

「後輩がミスをしたせいで、私はイライラしている」。この考え方は、外的コントロールにあたります。それはなぜですか。説明しなさい。

☐ ◀ 解答のポイントをおさえることができたら、チェックボックスに✔をつけましょう

▶ 解答は35ページにあります

第**2**章

外的コントロールと内的コントロール

解答

（ 基本問題　解答 ）

1
- ① シグナル　　👉 18ページ参照
- ② 反応

- ③ させたい　　👉 19ページ参照
- ④ コントロール

- ⑤ 脅し　　👉 20ページ参照
- ⑥ 罰
- ⑦ 褒美
- ⑧ 正しい
- ⑨ 責任

2
- ① 刺激　　👉 17ページ参照
- ② 反応

- ③ 情報　　👉 21ページ参照
- ④ 最善
- ⑤ 内発的
- ⑥ 選択

- ⑦ 刺激　　👉 22ページ参照
- ⑧ 反応
- ⑨ 情報
- ⑩ 選択

3
① 致命的　　　　　　👉 25ページ参照

② 批判

③ ガミガミ

④ 罰

⑤ 褒美

⑥ 身につけたい

⑦ 支援

⑧ 信頼

⑨ 受容

⑩ 交渉

（応用問題に取り組むポイント）

　ビジネス選択理論能力検定では、単語を答える問題のみならず知識や体験、選択理論を実践するためのアイディアなどを文章で答える問題も出題されます。

　そこで、本書でも「応用問題」を掲載し、さまざまな記述式の問題に取り組めるようにしています。

　次のページからは、応用問題の解答例と解説を掲載しています。記述式の解答例は、あくまでも1つの例です。ぜひ解説を読みながら、それぞれの設問で問われていることを理解し、問いの意図をくみとった解答を作成できるように取り組んでください。

応用問題　解説

設問 👉 30ページ

1

過去、あなたが使ってしまった外的コントロールについて説明し、今どのように改善
①
したか（改善しようと取り組んでいるか）を具体的な行動を交えて、説明しなさい。
②

問題の解き方　この設問で聞かれているのは、次の2点です。

① 過去、使ってしまった外的コントロール

② 選択理論をもとに、どのように改善したか（具体的な行動）

解答例

以前は、仕事でうまくいかないとき、「上司の●●さん
が言ったとおりにしたら、ミスをした」など、人のせい
にしていた。

→ ① 過去使ってしま
った外的コント
ロール

しかし、選択理論で、人は行動を自ら選択していると学び、
人のせいにすることをやめた。自らの行為と思考に焦点
をあて、どうすればよい仕事ができるかを考え、出たア
イディアを実行した結果、昨対売上120％を達成できた。

→ ② 選択理論をもと
に、どのように改
善したか（具体
的な行動）

解答例は、あくまでも模範解答の1つです。この答えだけが正解ということではありません。

解答のポイント

次の3点をおさえることができた文章であるかも、あわせて確認をしてみましょう。

☑ 過去の行動が、外的コントロールを使っていたとわかる表現がある

☑ 改善内容が、選択理論の考え方に基づいていることがわかる

☑ 改善をした行動が具体的に書かれている

2

> 「後輩がミスをしたせいで、私はイライラしている」。この考え方は、外的コ
> ントロールにあたります。それはなぜですか。説明しなさい
> (1)

問題の解き方 この設問で問われているのは、次の点です。

(1)がなぜ外的コントロールなのかという理由

つまり、

① 外的コントロールとは、どのような考え方か

② 下線部(1)が、①にどう当てはまっているのか

について解答する必要があります。

解答例

外的コントロールとは、人間の行動は、外部からの刺激に反応することで起こるという考え方です。

→ ① 外的コントロールの考え方

「後輩がミスをしたせいで、私はイライラしている」というのは、後輩のミスという刺激に反応して、私はイライラするという行動をしていると考えているため、外的コントロールの考え方にあたります。

→ ②「後輩がミスをしたせいで、私はイライラしている」が、なぜ外的コントロールにあたるのか、①をもとに説明

解答例は、あくまでも模範解答の1つです。この答えだけが正解ということではありません。

解答のポイント

次の2点をおさえることができた文章であるかも、あわせて確認をしてみましょう。

☑ 外的コントロールとはどのような考え方かがわかる表現がある

☑ 後輩がミスをしたこと＝刺激、私はイライラしている＝反応してとった行動だとわかる表現がある

第**3**章

5つの基本的欲求

第3章で学ぶ
ビジネス選択理論能力検定3級公式テキスト該当範囲

第1部理論編
5　5つの基本的欲求
10　選択理論の10の原理（一部）

1.5つの基本的欲求とは

> 私たちがもつ根源的な欲求のことを選択理論では（　5つの基本的
> 欲求　）と呼んでいます。
>
> 5つの基本的欲求は、時代や年齢、性別を問わず人は誰しももって
> いるものであり、（　遺伝子　）に組み込まれているとグラッサー
> 博士は述べています。

　欲求が満たされると、私たちは（　快適　）感情を感じます。快適感情とは、喜
びや楽しさ、嬉しさ、幸福感、心地よさなどのことです。逆にそれらの欲求を満た
すことができない場合、私たちは、不安や焦り、イライラ、怒りなどの（　苦痛　）
感情を感じます。

　私たちは、欲求を満たすために行動を選択しています。

5つの基本的欲求

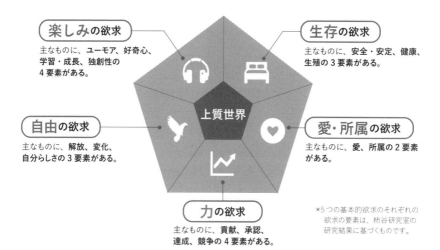

楽しみの欲求
主なものに、**ユーモア**、**好奇心**、**学習・成長**、**独創性**の4要素がある。

生存の欲求
主なものに、**安全・安定**、**健康**、**生殖**の3要素がある。

自由の欲求
主なものに、**解放**、**変化**、**自分らしさ**の3要素がある。

上質世界

愛・所属の欲求
主なものに、**愛**、**所属**の2要素がある。

力の欲求
主なものに、**貢献**、**承認**、**達成**、**競争**の4要素がある。

＊5つの基本的欲求のそれぞれの欲求の要素は、柿谷研究室の研究結果に基づくものです。

ここからは、それぞれの欲求について学んでいきましょう。

 生存の欲求

飲食や睡眠、生殖などの身体的な欲求。主なものに、（　安全・安定　）、（　健康　）、（　生殖　）の3つがあります。

生存の欲求を満たすための行動例

・1日8時間睡眠
・適度な運動習慣をもち、健康に気をつかう

生存の欲求を満たすための行動を書き出してみましょう。

♥ 愛・所属の欲求

誰かと一緒にいたいといった満足な人間関係を求める欲求。
（ 愛 ）、（ 所属 ）の2つの要素があります。

愛し愛されたり、何かに所属するには他者の存在が求められます。そのためこの欲求は一人で満たしづらい欲求です。

愛・所属の欲求を満たすための行動例
・チームに所属する
・家族の時間を大切にする

 力の欲求

認められたい、勝ちたいといった欲求。主なものに、（ 貢献 ）、
（ 承認 ）、（ 達成 ）、（ 競争 ）の4つがあります。

この欲求も、しばしば一人で満たすことが困難です。なぜなら力の欲求を満たそうとして外的コントロールを使うなど、他者とぶつかることで、ほかの欲求（特に愛・所属の欲求）の充足を阻害します。そのため長期的視点に立つと欲求充足が難しいです。

力の欲求を満たすための行動例
・一番を目指す
・権力や高い地位をもつ

力の欲求を満たすための行動を書き出してみましょう。

自由の欲求

自分のやりたいようにしたいという欲求。主なものに（ 解放 ）、
（ 変化 ）、（ 自分らしさ ）の３つの要素があります。

自由の欲求を満たすための行動例

・自分なりのやり方で仕事を進める

・経済的な自由を得る

　自由の欲求を満たすための行動を書き出してみましょう。

楽しみの欲求

新たな知識を得たいという欲求。主なものに（ ユーモア ）、（ 好
奇心 ）、（ 学習・成長 ）、（ 独創性 ）の４つがあります。

楽しみの欲求を満たすための行動例

・お笑い番組を観る

・本をもちあるき、時間があれば読書をする

　楽しみの欲求を満たすための行動を書き出してみましょう。

5つの基本的欲求の要素

まとめると、5つの基本的欲求は、下表のような要素に分けられます。

生存	安全・安定	リスクは避けたい、安心した環境にいたい、変化より安定していたい
	健康	寝たい、食べたい、長生きしたい、健康を害することはしたくない、無理しない
	生殖	性的欲求を満たしたい、子どもが欲しい、子孫を残したい
愛・所属	愛	愛し愛されたい、人を大切にしたい、大切に扱われたい、人が好き
	所属	仲間と一緒にいたい、一人ではなくて誰かといたい、何かに属したい、集団で何かをやることが好き
力	達成	成し遂げたい、達成したい、責任を全うしたい、結果を残したい
	承認	認められたい、評価されたい、賞賛されたい、必要とされたい
	貢献	役に立ちたい、力を貸したい、貢献したい、価値を創造したい
	競争	勝ちたい、負けたくない、人より上になりたい、一位になりたい
自由	解放	束縛されたくない、人にあれこれ言われたくない、自由でいたい
	変化	変化があってほしい、いつも一緒で決まったパターンは好きではない
	自分らしさ	自分のこだわりで決めたい、自分らしさを追求したい、譲らない
楽しみ	ユーモア	笑わせるのが好き、ジョークを言って楽しませたい、場を盛り上げたい
	好奇心	新しいものに興味がある、やったことのないことでもやりたくなる、追求するのが好き、新しいことにチャレンジしたい
	学習・成長	自分のできることをしたい、知識が増えたり、成長や勉強が好き
	独創性	自分で創っていきたい、自分のアイディアを形にするのが好き

2.5つの基本的欲求の特徴

> 5つの基本的欲求の（ 強弱 ）は、一人ひとり異なります。

以下は同じ職場で働く、AさんとBさんの欲求プロフィールです。欲求の強さは5段階で、5に近いほど高く、1に近いほど低いことを表しています。

Aさん

欲求	欲求の強さ
🛏 生存	3
♥ 愛・所属	5
〽 力	4
🦅 自由	3
🎧 楽しみ	4

Bさん

欲求	欲求の強さ
🛏 生存	3
♥ 愛・所属	3
〽 力	5
🦅 自由	3
🎧 楽しみ	4

欲求プロフィールから、Aさんは愛・所属の欲求が高く、BさんはAさんと比べると愛・所属の欲求が低いことが読みとれます。

たとえばAさんとBさんの場合、次のようなことも起こり得ます。Aさんは人とお喋りを楽しむことが好きで、Bさんのことをいつも素っ気ないと感じています。一方で、BさんはAさんに対して、仕事以外の話をいつもたくさん話しかけられるので、無下にはできないと思いながらも、早く仕事を進めたいと思っています。

このように欲求バランスが異なるために、人間関係においてフラストレーションを感じることは、職場でよく起こることかもしれません。大切なことは、<u>一人ひとり5つの基本的欲求のバランスは違うということを理解する</u>ことです。

> 5つの基本的欲求の（　満たし方　）は、一人ひとり異なります。

たとえば、前のページで扱ったAさんとBさんは、それぞれ次のように欲求を満たしています。

Aさん

欲求	欲求の強さ	欲求の満たし方
生存	3	万が一に備え、保険に加入する 安定した仕事に就く
愛・所属	5	毎日家族と コミュニケーションをとる
力	4	期日どおりに仕事を終える 多くの人の役に立つ
自由	3	好きな服を着る
楽しみ	4	趣味の絵画を描く お笑い番組を観る

Bさん

欲求	欲求の強さ	欲求の満たし方
生存	3	定期的にジョギングをする 1日7時間、睡眠をとる
愛・所属	3	恋人と月に1〜2回会う
力	5	仕事で全社1位の成果を上げる 一流のスーツを身につける
自由	3	変化に富んだ仕事をする
楽しみ	4	読書をする セミナーに参加する

AさんもBさんも楽しみの欲求の強さは「4」ですが、Aさんは絵画を描いたり、お笑い番組を観て楽しみの欲求を満たすのに対して、Bさんは読書をしたりセミナーに参加したりすることで楽しみの欲求を満たします。

このように、**欲求の満たし方も一人ひとり異なるということを理解する**ことが大切です。

3. 欲求を満たすのは自らの責任

グラッサー博士は、「私たちは他人を助けることはできるが、他人の（　欲求　）を満たすことはできない。社会生活において、自らの欲求を自ら満たすことは、私たち一人ひとりの（　責任　）である」と述べています。

人は、自分の欲求しか満たすことはできません。

　愛・所属の欲求のように、一人では満たしづらい欲求もあります。誰かとの関わりにおいて、苦痛を感じるようなこともあるかもしれません。しかし、どのような状況であっても、**自分で自分の欲求充足をすることが一人ひとりの責任**であると選択理論では考えています。もし苦痛を感じたときは、今どの欲求が満たされていないのか、どうすればその欲求が満たされるかを考えましょう。 自分で自分の欲求を満たすことができるようになると、常に快適感情を味わいながら過ごすことができます。

自らの欲求充足をするときは、他人の欲求充足を（　阻害　）しないことが大切です。

　選択理論では自分の欲求は自分で満たすことが責任だと考えています。ただし、他の人が苦痛を感じるような行動（嘘をつく・理不尽なクレームを言う・怒鳴るなど）によって、欲求充足をしようとすることは望ましくありません。大切なことは、自らの欲求を満たすときに、**他人の欲求充足を阻害しない**ことです。

基本問題

1

以下の文章を読んで、空欄①〜⑨に当てはまる言葉を右の解答欄に記入しなさい。

選択理論では、私たちは生まれながらにして（　①　）に組み込まれた、5つの基本的欲求という根源的な欲求をもっていると考えています。

5つの基本的欲求とは、生存の欲求、（　②　）の欲求、力の欲求、（　③　）の欲求、（　④　）の欲求です。

私たちは欲求が1つ以上満たされると（　⑤　）感情を感じます。逆に欲求が満たされないと、私たちは（　⑥　）感情を味わいます。

また、グラッサー博士は、私たちは、（　⑦　）を助けることはできるが、（　⑦　）の（　⑧　）を満たすことはできないと述べています。

私たちの欲求を自分で満たすことは、私たち一人ひとりの（　⑨　）でもあります。

解答欄

▼ 正解した問題に✔をつけましょう

☐ ①

☐ ②

☐ ③

☐ ④

☐ ⑤

☐ ⑥

☐ ⑦

☐ ⑧

☐ ⑨

正答数
問／**9**問

▶ 解答は50ページにあります

2

次の文章は、一般的にどの欲求を満たすための行動や考え方だと捉えられますか。欲求の種類を答えなさい。

① 今月やると決めたことは、何が何でもやり通したい

② 自分なりのやり方で仕事を進めたい

③ 周囲の人を笑わせたい

④ いつもバランスのとれた食事を心がけ定期的に運動をし、健康管理をしている

⑤ 一人で行う仕事が続くと苦痛を感じるのでチームで仕事をしたい

⑥ 危険なことは避けたいので、事前に入念な準備をする

⑦ 毎日恋人と一緒にいたい

⑧ 地位・名声を手に入れたい

解答欄

▼ 正解した問題に✔をつけましょう

☐ ①＿＿＿＿＿

☐ ②＿＿＿＿＿

☐ ③＿＿＿＿＿

☐ ④＿＿＿＿＿

☐ ⑤＿＿＿＿＿

☐ ⑥＿＿＿＿＿

☐ ⑦＿＿＿＿＿

☐ ⑧＿＿＿＿＿

正答数　問／**8**問

▶ 解答は50ページにあります

3

① 生存の欲求の3つの要素を答えなさい。

② 楽しみの欲求の4つの要素を答えなさい。

③ 力の欲求の4つの要素を答えなさい。

- ☐ ① _____
- ☐ _____
- ☐ _____

- ☐ ② _____
- ☐ _____
- ☐ _____
- ☐ _____

- ☐ ③ _____
- ☐ _____
- ☐ _____
- ☐ _____

▶ 解答は51ページにあります

④　自由の欲求の3つの要素を答えなさい。

☐　④ _____

☐　_____

☐　_____

⑤　一般的に、愛・所属の欲求を満たすための行動とは、どのような行動ですか。2つ以上答えなさい。

☐　⑤ _____

☐　_____

正答数

問／**16**問

▶ 解答は51ページにあります

47

応用問題

$\boxed{1}$

5つの基本的欲求の中で、満たすのが難しいと言われている欲求はどの欲求ですか。
理由とともに答えなさい。

◀ 解答のポイントをおさえることができたら、チェックボックスに✔をつけましょう

▶ 解答は52ページにあります

2

Aさんの日記を読んで、次の問いに答えなさい。

〇月×日

今日のS社の面会、無事に終わって本当によかった。
もともとYさんが担当する予定だったのに、昨日の夜、急きょYさんから
「代わってほしい」と言われたときは、どうなることかと思った。

僕は、余裕をもって面会の準備をしたい。時間がない中、焦って進めると「何かあ
ったらどうしよう」と不安になるんだ。

**問：この日記を読んで、Aさんは、5つの基本的欲求のうちどの欲求が強いと言え
　　るでしょうか。また、なぜそう思ったのかについても答えなさい。**

☐ ◀ 解答のポイントをおさえることができたら、チェックボックスに✔をつけましょう

▶ 解答は53ページにあります

第**3**章

5つの基本的欲求

解答

基本問題 解答

1
① 遺伝子
② 愛・所属
③ 自由
④ 楽しみ
（②〜④順不同）
⑤ 快適
⑥ 苦痛

☞ 36〜37ページ参照

⑦ 他人
⑧ 欲求
⑨ 責任

☞ 43ページ参照

2
① 力の欲求
② 自由の欲求
③ 楽しみの欲求
④ 生存の欲求
⑤ 愛・所属の欲求
⑥ 生存の欲求
⑦ 愛・所属の欲求
⑧ 力の欲求

☞ 37〜40ページ参照

3 ① 安全・安定 / 健康 / 生殖　（順不同）

👉 37〜40ページ参照

② ユーモア / 好奇心 / 学習・成長 / 独創性
（順不同）

③ 達成 / 承認 / 貢献 / 競争　（順不同）

④ 解放 / 変化 / 自分らしさ　（順不同）

⑤ 何かの団体に所属する

👉 38、40ページ参照

チームで仕事をする

友人に会う

家族と一緒に過ごす時間をとる

など2つ以上

（一般的に愛または所属の欲求を満たすと

思われる行動であればよい）

応用問題　解説

設問 👉 48ページ

1

> 5つの基本的欲求の中で、満たすのが難しいと言われている欲求はどの欲求ですか。理由とともに答えなさい。

解答例

愛・所属の欲求 と 力の欲求

愛・所属の欲求は、愛し愛されたり、組織・グループに所属したりするには他者の存在が必要であり、一人では満たすことが難しいから。

力の欲求は、満たそうとして外的コントロールを他人に使ってしまい、ほかの欲求（特に愛・所属の欲求）の充足を阻害してしまうことがあるから。

解答例は、あくまでも模範解答の1つです。この答えだけが正解ということではありません。

解答のポイント

次の2点をおさえることができた文章であるかも、あわせて確認をしてみましょう。

☑ 満たすのが難しいと言われている欲求が、どの欲求か書かれている

☑ なぜ、欲求を満たすのが難しいのか、理由が書かれている

2

設問 👉 49ページ

Aさんの日記を読んで、次の問いに答えなさい。

〇月×日

今日のS社の面会、無事に終わって本当によかった。

もともとYさんが担当する予定だったのに、昨日の夜、急きょYさんから「代わってほしい」と言われたときは、どうなることかと思った。

僕は、余裕をもって面会の準備をしたい。時間がない中、焦って進めると「何かあったらどうしよう」と不安になるんだ。

問：この日記を読んで、Aさんは、<u>5つの基本的欲求のうちどの欲求が強いと言えるで</u>
　　①
　　<u>しょうか</u>。また、<u>なぜそう思ったのか</u>についても答えなさい。
　　　　　　　　　　　②

問題の解き方　この設問で聞かれているのは、次の2点です。

　　① Aさんの強いと思われる欲求

　　② ①の理由（Aさんの具体的な行動）

解答例

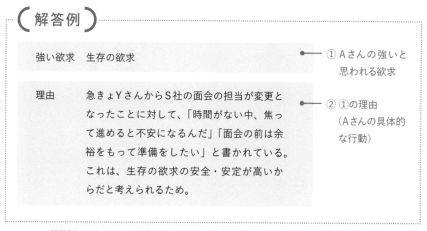

強い欲求	生存の欲求
理由	急きょYさんからS社の面会の担当が変更となったことに対して、「時間がない中、焦って進めると不安になるんだ」「面会の前は余裕をもって準備をしたい」と書かれている。これは、生存の欲求の安全・安定が高いからだと考えられるため。

← ① Aさんの強いと
　　思われる欲求

← ② ①の理由
　　（Aさんの具体的
　　な行動）

解答例は、あくまでも模範解答の1つです。この答えだけが正解ということではありません。

解答のポイント

次の2点をおさえることができた文章であるかも、あわせて確認をしてみましょう。

☑ 強い欲求が、どの欲求か明確に書かれている

☑ その欲求が強いと思った理由が、明確に書かれている

第4章

上質世界

第4章で学ぶ
ビジネス選択理論能力検定3級公式テキスト該当範囲

第1部理論編
　6　上質世界

1.上質世界とは

（　5つの基本的欲求　）の1つ以上を強く満たす（　イメージ写真　）が貼り付けられている（　記憶　）の世界を上質世界と言います。

　私たちは上質世界にあるイメージ写真を手に入れることで、基本的欲求を満たそうと行動します。

2.上質世界の三要素

　グラッサー博士は、上質世界の要素として、以下の3要素を定義しています。

・私たちが（　ともにいたい　）と思う人
・私たちが最も（　所有　）したい、（　経験　）したいと思う（　物　）
・私たちの（　行動　）の多くを支配している（　考え　）、（　信条　）

上質世界と５つの基本的欲求の関係

上質世界：

５つの基本的欲求を１つ以上満たすイメージ写真が貼り付けられている記憶の世界。上質世界にあるイメージ写真を手に入れると、快適感情を得る。上質世界は貼り替わることがあり、剥がすときは苦痛を伴う。

遺伝子の指示

遺伝子の指示

新しい脳

愛・所属　力　自由　楽しみ

古い脳

生存

５つの基本的欲求：

私たちがもつ根源的な欲求。時代や年齢、性別を問わず人は誰しももっているものであり、遺伝子に組み込まれている。欲求の強さは生涯変わらない。

3. 上質世界の特徴

上質世界の特徴は、次の4つにまとめることができます。

> ① 私たちは（ 上質世界 ）から物事を判断し、自分に都合のい
> いように現実を定義する。

たとえば、新人のAさんが会議中に手をあげて「先程の件について、1つ確認をさせてください」と発言をしたとします。多くの会議の参加者にとっては「会議中に新人が質問をした」という現実ですが、Aさんを育てたい上司からすると、「年次にひるまず会議に積極的に参加した」と捉えるかもしれません。

> ② 私たちは上質世界にあるものには強い（ 関心 ）を持つが、
> 上質世界にあまり関係のないものに対しては（ 関心 ）を払
> わない。

たとえば、子どもの運動会で自分の子どものことは、どの競技でどのような活躍をしていたかを、はっきりと覚えています。しかし、同じ運動会に出ているほかの子どもがリレーで何位だったかということは、あまり覚えていないということもあるでしょう。

③ 私たちの上質世界に入るものは自分にとって良いものだが、すべてが（ 健全 ）なものとは限らない。

麻薬や過度のアルコールなど、5つの基本的欲求が1つ以上満たされれば、破壊的な行動や犯罪さえ上質世界に入る可能性があります。

④ 私たちの上質世界は（ 固定 ）したものではなく、常に（ 変化 ）する。

上質世界は、生まれたときから形成がはじまります。多くの場合、最初に上質世界に入るのは母親のイメージ写真です。その後、さまざまな経験を通して上質世界に貼られるイメージ写真が追加されたり、貼り替わったりします。

たとえば、左図の男性が思い浮かべているものはすべて、生存の欲求を満たすものです。しかし、赤ちゃんのときはミルク、子どものときはジュース、大人になってからはお酒といったように、上質世界は変化していきます。

4. 一人ひとりの上質世界は違う

> 上質世界は一人ひとり違います。そのため、事実はひとつでも、一人ひとりの認識が異なっているということは日常的に起こっています。

　たとえば、Aさん・Bさん・Cさんが、社運をかけた一大プロジェクトのメンバーに選ばれました。しかし、上質世界の違いからそれぞれのメンバーの捉え方は異なっています。

	捉え方		上質世界
A さん	「やったー！　プロジェクトに参画できて嬉しい！　大成功させてチャンスをつかみたい」	・・・	1日も早く出世する
B さん	「最悪だ。また帰宅が遅くなる。仕事はするけれど、正直、責任が重たいのは嫌だなぁ」	・・・	家族・プライベートの時間を大事にする
C さん	「チームメンバーに選ばれた人は皆なかなか一緒に仕事をする機会がなかった人たち。一緒にできるの、楽しみだな」	・・・	チームに所属しメンバーと一緒にいる

　Aさんは「BさんもCさんも、プロジェクトに参画できて嬉しいに違いない。全員本気でプロジェクトに打ち込んでくれるだろう」と、思い込んでいたとします。

　しかし、BさんもCさんも、Aさんほどプロジェクトにかける思いがないと知ったとき、Aさんは「このプロジェクトに選ばれて喜ばない人はおかしい」と、考えるかもしれません。

　私たちは「相手も同じことを考えているはずだ」と思い込んでしまいがちです。そして、**認識の違いが明らかになると「自分の方が正しい。相手が間違っている」と考えてしまう傾向があります。**

　また、解決策を決めるために、**どちらかが納得感のないまま譲歩してしまうこともよく見受けられます。**すると「**本当は自分の方が正しいのに**」「**確かに相手の話は正しいかもしれないけれど、話を聞いてほしかった**」といった気持ちが残り、**わだかまりが続きます。**

　そのままにすると、ストレスが蓄積し「いつもあの人は話を聞いてくれない」「一緒に働きづらい」といった状態を招きます。

　大切なことは、**一人ひとりの上質世界が違うものだという前提**で周囲の人に接することです。相手の**上質世界の理解に努める**だけで人間関係は改善されます。

赤シートを
使おう

（ ポイント ）

☑ 上質世界は一人ひとり違う

☑ 意見の衝突は、（ 　上質世界　 ）が異なるために生まれていることが多い

☑ 良好な人間関係を手に入れるには、相手の上質世界の（ 　理解　 ）に努める
　 ことが大切

5. 上質世界を意識して仕事をする

　仕事で成果を出している人の多くは、上質世界に仕事が入っています。では、どうすれば仕事を上質世界に入れることができるのでしょうか。

① 仕事で欲求が満たされる部分に目を向ける

　上質世界とは、5つの基本的欲求の1つ以上を強く満たすイメージ写真が貼り付けられている記憶の世界です。仕事が上質世界に入っているとは、仕事を通して5つの基本的欲求の1つ以上が強く満たされていると言えます。

② 仕事が上質世界に入る体験をする

　上質世界とは、記憶の世界です。一度情報を脳に入れない限り、上質世界には入りません。たとえば、自社の商品を購入されたお客様からの喜びのお手紙を読むことで、「これほど喜んでくださるお客様がいるのであれば、さらによい仕事をしよう」と思うなど、体験を通して上質世界は拡張していきます。

　さらに仕事を上質世界に入れるために、どのようなことができるでしょうか。
具体的なアイディアを考えて書き出しましょう。

　例：最年少で部長に昇格した先輩に、仕事をしていて感動した出来事を語ってもらう

上質世界

基本問題

1

以下の文章を読んで、空欄①〜⑧に当てはまる言葉を右の解答欄に記入しなさい。

上質世界とは、（　①　）の1つ以上を強く満たす（　②　）が貼り付けられている（　③　）の世界のことを指します。

グラッサー博士は、上質世界の三要素として、次の3つの要素を定義しています。

・私たちがともにいたいと思う（　④　）

・私たちが最も（　⑤　）したい、（　⑥　）したいと思う物

・私たちの（　⑦　）の多くを支配している考え、（　⑧　）

解答欄

▼ 正解した問題に✔をつけましょう

☐ ①

☐ ②

☐ ③

☐ ④

☐ ⑤

☐ ⑥

☐ ⑦

☐ ⑧

正答数

問／**8**問

▶ 解答は64ページにあります

61

2

以下は、上質世界の特徴です。空欄①〜⑥
に当てはまる言葉を右の解答欄に記入しな
さい。

上質世界の特徴

1. 私たちは（　①　）から物事を判断し、
   自分に都合のいいように（　②　）を
   定義する。

2. 私たちは上質世界にあるものには強い
   （　③　）をもつが、上質世界にあまり
   関係のないものに対しては（　③　）
   を払わない。

3. 私たちの上質世界に入るものは自分に
   とってよいものだが、すべてが（　④　）
   なものとは限らない。

4. 私たちの上質世界は（　⑤　）したも
   のではなく、常に（　⑥　）する。

解答欄

▼ 正解した問題に✔をつけましょう

☐ ①
_____

☐ ②
_____

☐ ③
_____

☐ ④
_____

☐ ⑤
_____

☐ ⑥
_____

正答数

問 / **6** 問

▶ 解答は64ページにあります

62

第**4**章

上質世界

応用問題

1

あなたの上質世界には、今何が入っていますか。理由とともに答えなさい。

◀ 解答のポイントをおさえることができたら、チェックボックスに✔をつけましょう

第**4**章

上質世界

解答

（ 基本問題　解答 ）

1
- ① 5つの基本的欲求
- ② イメージ写真
- ③ 記憶
- ④ 人
- ⑤ 所有
- ⑥ 経験
- ⑦ 行動
- ⑧ 信条

54ページ参照

2
- ① 上質世界
- ② 現実
- ③ 関心

56ページ参照

- ④ 健全
- ⑤ 固定
- ⑥ 変化

57ページ参照

応用問題　解説

1

設問 63ページ

> あなたの上質世界には、今何が入っていますか。　　理由とともに答えなさい。
> 　　　　　　　　　　　　　　　　　　　　　①　　　　　　　　　　　　②

問題の解き方　この設問で聞かれているのは、次の2点です。

① あなたの上質世界に入っているもの

② ①があなたの上質世界に入っている理由

（上質世界に入るのは、5つの基本的欲求を1つ以上満たすイメ
ージ写真なので、①が5つの基本的欲求のうち、どの欲求を満
たしているのかを説明する）

解答例

私の上質世界には、仕事で目標達成をし、営　　●──①あなたの上質世界に
業のタイトルを獲得し、全社員の前で表彰を　　　　　入っているもの
されることが入っています。

理由は、目標を達成することや全社員から承　　●──②上質世界に入っている理由
認されることは、私の力の欲求を満たすから
です。

解答例は、あくまでも模範解答の1つです。この答えだけが正解ということではありません。

解答のポイント

次の2点をおさえることができた文章であるかも、あわせて確認をしてみましょう。

☑ あなたの上質世界に入っているものが何か、具体的に書かれている

☑ 上質世界に入っている理由（〇〇の欲求を満たすから、など）が、明確に
説明されている

第5章

全行動

第5章で学ぶ
ビジネス選択理論能力検定3級公式テキスト該当範囲

第1部理論編

1. 全行動とは

> 選択理論では、行動を（　行為　）（　思考　）（　感情　）（　生理反応　）の4つの要素に分けて（　全行動　）と言い換えています。

たとえば、「読書」という全行動は次のように構成されていると言えます。

行為：目や手を動かす

思考：本を読みながら何かを考えたり理解したりする

感情：快・不快を体験する

生理反応：心臓が動く・呼吸をする

　このように、私たちの行動は常にこれら4つの要素が絡み合って構成されていますが、4つの要素のうちどれか1つが目立って見られることが多いとグラッサー博士は述べています。

> 全行動では、行為と思考は（　直接　）コントロールすることができ、感情と生理反応は、行為と思考をコントロールすることで（　間接的　）にコントロールすることができると考えます。

全行動の概念

赤シートを使おう

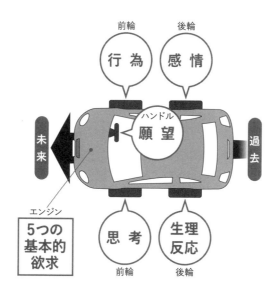

前輪　　行為　　　感情　　後輪

ハンドル　願望

未来　　　過去

エンジン　5つの基本的欲求

思考　　　生理反応

前輪　　　後輪

　全行動の概念は、車の構造に見立てて理解することができます。

　車は、ハンドルを切ると前輪しか向きが変わりません。しかし前輪の向きが変わると、それにつられて後輪も向きが変わります。

　これは、**前輪の「行為」と「思考」だけが直接コントロールでき、「感情」と「生理反応」は、行為と思考をコントロール**することで間接的にコントロールできることを表しています。

　たとえば、家族旅行を思い出すという「思考」によって、楽しいという「感情」は間接的に生まれます。また「心拍数を上げる」といった生理反応は、全力疾走するといった「行為」によって間接的に生まれます。

　このように、選択理論では自らの行為と思考を選択することで、自分の全行動を直接・間接的にコントロールすることができると考えます。

2. 不快感情も選択している

> グラッサー博士は、落ち込みも自らが（　選択　）をしていると述
> べています。

感情は直接コントロールすることができません。

しかし、落ち込んでいるときにお笑い番組を観ることで、楽しい気持ちになることもあるでしょう。感情は、行為と思考をコントロールすることで間接的にコントロールすることができます。そのため、落ち込みはその**原因となる行為と思考を選択した結果**と言えます。

グラッサー博士によると、人が落ち込みを選択する理由は次の3つです。

落ち込みを選択する理由

> ①　怒り　を抑えるため
> ②　援助　をもらいたいため
> ③　逃避　するため

1つずつ詳しく見ていきましょう。

①（　怒り　）を抑えるため

効果的なコントロールが得られないとき、私たちは「怒り」という生まれもった全行動を実行することを考えています。しかし、怒りを選択し、行動を起こすとさまざまな**トラブルを引き起こすことになる**ため、効果的な選択ではないことも知っています。そのため、落ち込みを選択することによって気力がなくなり、**暴力や争いを避けることができます**。

② （ 援助 ） をもらいたいため

　落ち込みを選択することで、**お願いをすることなく、人に助けを求めることができます。**落ち込みは、援助を求める最も強力な情報提供であり、落ち込むことは苦痛であるにもかかわらず、ほかの人からの援助をもらおうと多くの人が落ち込みを選択しています。ここには**相手をコントロールしようという意図が働いている**と言えます。

③ （ 逃避 ） するため

　落ち込むことで、**したくないこと、恐れていることを、しない言い訳にすることができます。**落ち込むことによって、したくないことを見ないようにしています。

　選択理論では、これらの落ち込みを選択しないために、見方を変えるか、自分の求めているものを変えるか、自分のしていることを変えるか、いずれかをすることと述べています。（詳しくは80ページで扱います）

　もし、あなたが仕事の中でうまくいかないこと・葛藤を抱えていて、不快な感情や生理反応を経験している場合は、私たちが直接変えられるもの（自らの行為と思考）に焦点をあてることが大切です。

3. コントロールできること・できないこと

　人の行動のメカニズムを理解すると、より具体的に自分を満たす行動を選択することができるようになります。全行動をふまえ、私たちが変えることができるもの・変えることができないものは次のとおりです。

赤シートを
使おう

変えることができる	変えることができない
自分の（　思考　） 自分の（　行為　） 未来	（　他人　）・（　過去　） 自分の脳の外側にある 現象

　ビジネスにおいて全行動の考え方を活用するには、まず目の前で起きている現象が、**コントロールすることができるのか、できないのかを見極め**ます。次に、求めているものを手に入れるために、自分が<u>直接コントロールできることに焦点をあて</u>、<u>コントロールできることを行います</u>。

（　**実践**　）　今日締め切りの仕事があるにもかかわらず、お客様からのクレーム対応で半日がつぶれてしまったとき、どうすればよいのでしょうか？

① コントロールすることができるものと、できないものを見極める

> 　今、起きていることの中でコントロールできることを、〇で囲みましょう
>
> ・残り半日ですべきこと
>
> ・仕事の締め切りが今日であること
>
> ・お客様からクレームが起きたこと
>
> ・クレーム対応に半日費やしたこと

② 直接コントロールできることに焦点をあて、コントロールできることを行う

基本問題

1

以下の文章を読んで、空欄①〜⑧に当てはまる言葉を、右の解答欄に記入しなさい。

選択理論では、行動を「（　①　）」「（　②　）」「（　③　）」「（　④　）」の4つの要素に分けて「全行動」と言い換えています。

「（　①　）」と「（　②　）」は私たちが直接コントロールできるものであり、「（　③　）」と「（　④　）」は直接コントロールできません。

しかし、行為と思考に従って、（　⑤　）にコントロールすることができます。

またグラッサー博士によると、人が落ち込みを選択する理由は、

・（　⑥　）を抑えるため
・（　⑦　）をもらいたいため
・（　⑧　）するため

の3つだと述べています。

解答欄

▼ 正解した問題に✔をつけましょう

☐ ①

☐ ②

☐ ③

☐ ④

☐ ⑤

☐ ⑥

☐ ⑦

☐ ⑧

正答数

問／**8**問

▶ 解答は75ページにあります

2

次の現象に対して、コントロールできるものは「できる」、一切コントロールできないものは「できない」と右の解答欄に記入しなさい。

① 昨日のミス…コントロール（ ① ）

② 上司の表情…コントロール（ ② ）

③ 今日の時間の使い方…コントロール
（ ③ ）

④ 自分の発言…コントロール（ ④ ）

⑤ 落ち込んだ気持ち…コントロール
（ ⑤ ）

⑥ 仕事ができない後輩…コントロール
（ ⑥ ）

⑦ 彼女の機嫌…コントロール（ ⑦ ）

⑧ 明日の天気…コントロール（ ⑧ ）

解答欄

▼ 正解した問題に✔をつけましょう

☐ ①　＿＿＿＿＿＿＿

☐ ②　＿＿＿＿＿＿＿

☐ ③　＿＿＿＿＿＿＿

☐ ④　＿＿＿＿＿＿＿

☐ ⑤　＿＿＿＿＿＿＿

☐ ⑥　＿＿＿＿＿＿＿

☐ ⑦　＿＿＿＿＿＿＿

☐ ⑧　＿＿＿＿＿＿＿

正答数

問／**8**問

▶ 解答は75ページにあります

第**5**章

全行動

応用問題

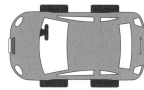

1

全行動の概念について、車の絵を使って説明
しなさい。

☐ ◀ 解答のポイントをおさえることができたら、チェックボックスに✔をつけましょう

▶ 解答は76ページにあります

Tさんは、入社3年目のセールスパーソンです。次の文章は、Tさんのある日の様子を描写しています。文章を読んで、以下の問いに答えなさい。

　Tさんは、Y社との面会に向かっています。朝から大雨が続いていましたが「やっとY社と契約ができる。月末最終日になってしまったけれど、これで営業成績も一番になれるぞ」と内心わくわくしていました。しばらくして、Y社の担当者から電話がありました。大雨で電車が大幅に遅延し、面会日を変更してほしいという内容でした。

問：Tさんが、一切コントロールできないことは何ですか。2つ以上答えなさい。

☐ ◀ 正解したら、チェックボックスに✔をつけましょう

▶ 解答は77ページにあります

解説編

第**5**章

全行動

解答

(基本問題　解答)

1
① 行為
② 思考
（①、②順不同）
③ 感情
④ 生理反応
（③、④順不同）
⑤ 間接的

 66ページ参照

⑥ 怒り
⑦ 援助
⑧ 逃避

 68ページ参照

2
① できない
② できない
③ できる
④ できる
⑤ できる
⑥ できない
⑦ できない
⑧ できない

 70ページ参照

応用問題　解説

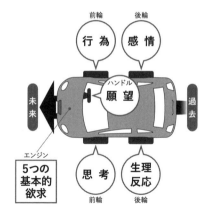

前輪　　後輪
行　為　感　情
ハンドル
願　望
未来　　過去
エンジン
5つの
基本的
欲求
思　考　生理反応
前輪　　後輪

1

設問 👉 73ページ

全行動の概念について、車の絵を使って
説明しなさい。

問題の解き方

この設問で問われているのは、次の2点
です。

①車の絵がそれぞれ何を表しているのかを説明する
②全行動の概念を車の特徴をもとに説明する

解答例

全行動の概念は、車の絵にたとえると、前輪は行為と思
考、後輪は感情と生理反応、ハンドルは願望、エンジン
は5つの基本的欲求と表すことができます。

●── ①車の絵がそれぞ
れ何を表してい
るのかを説明

車はハンドルを切ると、前輪だけが向きを変えます。そ
の後、前輪につられて後輪も向きを変えていきます。こ
れは、前輪の行為と思考は直接コントロールできますが、
感情と生理反応は直接コントロールできず、行為と思考
をコントロールすることによって、間接的にコントロー
ルできるということを表しています。

●── ②全行動の概念を
車の特徴をもと
に説明

解答例は、あくまでも模範解答の1つです。この答えだけが正解ということではありません。

解答のポイント

次の3点をおさえることができた文章であるかも、あわせて確認をしてみましょう。

☑ 前輪は行為と思考、後輪は感情と生理反応であると書かれている

☑ 前輪（行為と思考）は直接コントロールできると書かれている

☑ 後輪（感情と生理反応）は間接的にコントロールできると書かれている

2

設問 👉 74ページ

> Tさんは、入社3年目のセールスパーソンです。次の文章は、Tさんのある日の様子を描写しています。文章を読んで、以下の問いに答えなさい。
>
> 　Tさんは、Y社との面会に向かっています。朝から大雨が続いていましたが「やっとY社と契約ができる。月末最終日になってしまったけれど、これで営業成績も一番になれるぞ」と内心わくわくしていました。しばらくして、Y社の担当者から電話がありました。大雨で電車が大幅に遅延し、面会日を変更してほしいという内容でした。
>
> 問：Tさんが、一切コントロールできないことは何ですか。2つ以上答えなさい。

問題の解き方　この設問で問われているのは、次の点です。

　　　　Tさんが一切コントロールできないこと
　　　　「他人・過去・自分の脳の外側にある現象」です。

（ **解答例** ）

　大雨／今日が月末最終日であること／大雨で電車が遅延していること
　Y社の担当者が面会日を変更してほしいと、Tさんに電話したこと
　などの中から、2つ以上

また、今回の問題では「コントロールできないこと」が問われていましたが、この状況でTさんが「一番の成績」という求めているものを手に入れるために、「コントロールできること」は何かと聞かれたら、どのように答えるか？も考えてみましょう。

たとえば……

・Y社の担当者との電話で、面会場所を担当者がいる場所の近くにしてもらい面会時間を今日の中で調整してもらえないか交渉をする
・追加で面会を入れられそうな会社をリストアップし、連絡をする

「コントロールできること」と「コントロールできないこと」を明確に区分し、コントロールできることに焦点をあてて行動することができるようになると、間接的に未来を変えていくことができるようになります。

第6章で学ぶ
ビジネス選択理論能力検定3級公式テキスト該当範囲

第1部理論編
　8　創造性

---

1. 創造性とは

赤シートを
使おう

> 創造性とは、（　全行動　）の結果によって求めているものが得られないとき、自分にとって（　最善　）と思われる（　新しい　）行動を生み出す脳の働きです。

　たとえばいつも乗っている電車がトラブルで止まっているとき、私たちは「どうやって目的地へ辿り着こう？」「どのルートなら間に合うだろう？」と、新しい行動を考えはじめます。このように、自分にとって最善と思われる行動を生み出す脳の働きを創造性といいます。

> 　選択理論では、全行動に創造性を付与するこの仕組みを「創造システム」と呼びます。

　創造性によってつくり出される新しい行動も「全行動」の1つです。創造性は、新しい取り組み、アイディア、新しい感情、新しい生理反応など、全行動の4つの構成要素の1つまたはそれ以上が組み合わさった新しい行動をつくり出します。

2. 創造システムがつくり出す効果のないと思える行動

赤シートを使おう

> 創造性は、苦痛をもたらす自己（　破壊　）的な行動を創造することがあります。創造性によって選択される行動は、客観的に見た善悪などは関係なく、自分にとって（　最善　）の行動として選択されます。

　たとえば、職場で良好な人間関係が育めなかったときや、仕事で失敗をしたときに落ち込んだり、会社に行かなくなったり、暴飲暴食をして憂さ晴らしをすることがあります。これも創造性の働きの結果です。**創造性は、私たちに役立つものも、有害なものも、良いものも悪いものも提供します。**

　一方で、**創造性によってつくり出された行動やアイディアを使うか使わないかは、本人が選ぶことができます。**仕事で失敗をしたときに、落ち込みを選択していた人が、自分の欲求を満たす新しい情報を知り、より良い選択肢だと思えば、落ち込みではない新しい行動を選択できるようになります。私たちは、常にそのとき「最善」と思う行動を選択しているのです。

☐ 参考：創造性が破壊的に働くとき

　グラッサー博士は特に「この破壊的な創造性は、私たちが求めている良い人間関係が得られないときに、しばしば見られるものである」とも述べています。そして、人間関係の改善に焦点をあてたカウンセリングを実践しました。

3. 落ち込んだときの対処法

　選択理論によると、落ち込みを選択したとき、創造性を効果的に発揮し、対処する方法は3つあるといいます。

落ち込んだときの対処法

①　（　見方　）を変える

②　自分の（　求めているもの　）を変える

③　自分の（　していること　）を変える

　ここからは、具体例をもとに考えてみましょう。

〈Aさんの場合〉

　Aさんは、入社3年目の社員です。営業部で活躍をし、営業部の部長になることを目指していました。ところが会社の方針で、突然経理部に配属され、「もう営業部の部長になんてなれない、最悪だ」と落ち込みを選択しています。この場合、落ち込んだときの対処法①〜③をどのように活用することができるでしょうか。

① 見方を変える

| 現在の見方 | ・もう営業部の部長になんてなれない、最悪だ |

| 別の見方 | ・経理に選ばれたということは、社内でも信用されているという証かもしれない
・経理の仕事も部長になるうえでは役に立つかもしれない |

② 自分の求めているものを変える

| 現在の
求めているもの | ・営業部の部長 |

| 別の求めるもの | ・この会社で活躍している自分を求め、経理部の部長を目指す |

③ 自分のしていることを変える

| 現在
していること | ・落ち込んでいる |

| 別の行動 | ・将来営業部に配属が可能かを上司に聞く
・まずは経理部で活躍し、社内で影響力をつけて人事の交渉をしようと、経理の勉強をはじめる |

4. 職場で創造性を発揮していくために

人間は創造性によって、さまざまな発展をしてきました。自然界の産物以外のすべてのものは、創造性によるものであると言われます。ビジネスにおいても、創造性を効果的に発揮することは非常に価値があります。では、どのようにしてビジネスにおいて創造性を発揮していけばよいのでしょうか。そのポイントは、「上質世界を明確にすること」と「常に情報を得ること」です。

---

① 上質世界（願望）を明確にする

入浴中や散歩中に「あ！ 今回の企画はこれがよさそうだ！」と、会社では思いつかなかったアイディアがひらめくことがあります。これは、意識していないときにも上質世界にあるものを求めて、創造システムが働いているからです。つまり、自らの**上質世界が明確であればあるほど、創造性を発揮**することにつながります。

☐ 自分自身の理想の自己像とは何か
☐ 働く仲間とどのような状態を保っていきたいか
☐ 理想の働き方とはどのようなものか

こうしたことを常に考え、明確にしましょう。

---

② 常に情報を得る

私たちは、脳に蓄積された情報からしか、新しいアイディアを生み出すことはできません。

ですから、書籍を読んだり、業界の権威ある人から話を聞いたり、一流のサービスを体験するなど、さまざまな**情報を取得する**ことが大切です。

第**6**章

創造性

基本問題

1

以下の文章を読んで、空欄①〜⑤に当てはまる言葉を右の解答欄に記入しなさい。

創造性とは、（　①　）の結果によって、求めているものが得られないとき、自分にとって（　②　）と思われる新しい行動を生み出す脳の働きです。

グラッサー博士によると、落ち込んだときの対処法は次の3つです。

・（　③　）を変える

・自分の（　④　）を変える

・自分の（　⑤　）を変える

解答欄

▼ 正解した問題に✔をつけましょう

□　①

□　②

□　③

□　④

□　⑤

正答数

問／**5**問

▶ 解答は86ページにあります

第**6**章

創造性

応用問題

##

Uさんの日記を読み、次の問いに答えなさい。

〇月×日

今日、広報部のY部長が退職すると聞いて落ち込んだ。寝耳に水だった。入社して5年、Y部長と一緒にしたプロジェクトはたった2つ。どちらもハードな仕事だったけれど、勉強になったなぁ。もともとY部長に憧れて、Y部長と働きたくて入社したから、来月から仕事、つまらなくなるだろうな。

問：選択理論によると、人が落ち込みを選択した際の効果的な対処法は3つあると言われています。あなたがUさんだとしたら、どのように落ち込みから抜け出しますか。3つの対処法のうち、いずれかを使って答えなさい。

◀ 解答のポイントをおさえることができたら、チェックボックスに✔をつけましょう

▶ 解答は87ページにあります

2

選択理論によると、人が落ち込みを選択した際の効果的な対処法は3つあると言われています。あなたが過去、仕事において落ち込みを選択した際に、3つの効果的な対処法のうち、いずれかを使って乗り越えた経験について書きなさい。なお、もし効果的な対処法を使って乗り越えた経験がなければ、今であれば、どのように対処するか、想像して書きなさい。

☐ ◀ 解答のポイントをおさえることができたら、チェックボックスに✔をつけましょう

▶ 解答は89ページにあります

第**6**章

創造性

解答

（ 基本問題　解答 ）

1
① 全行動

② 最善

☞ 78ページ参照

③ 見方

④ 求めているもの

⑤ していること

（④⑤順不同）

☞ 80ページ参照

さらなる学びと実践へのヒント

問題解決のアイディアを「創造」する

グラッサー博士は、「創造性」はすべての人の基本的財産であると述べています。

たとえば、痩せたいのに甘いものを食べたい、など、同時に相反するイメージ写真が上質世界にあるとき、私たちは葛藤を経験します。葛藤を解決する１つの方法は、葛藤によって満たされていない基本的欲求を、葛藤のない別の方法で満たす「第３の選択肢」を創造することにあります。「創造性」を働かせることにより、私たちはさまざまな問題を解決する手立てを得ることができます。

さらに詳しく学ばれたい方は『グラッサー博士の選択理論』をご覧ください。

応用問題　解説

1

設問 👉 84ページ

Uさんの日記を読み、次の問いに答えなさい。

〇月×日
今日、広報部のY部長が退職すると聞いて落ち込んだ。寝耳に水だった。入社して5年、Y部長と一緒にしたプロジェクトはたった2つ。どちらもハードな仕事だったけれど、勉強になったなぁ。もともとY部長に憧れて、Y部長と働きたくて入社したから、来月から仕事、つまらなくなるだろうな。

問：選択理論によると、人が落ち込みを選択した際の効果的な対処法は3つあると言われています。あなたがUさんだとしたら、どのように落ち込みから抜け出しますか。3つの対処法のうち、いずれかを使って答えなさい。

問題の解き方　この設問で聞かれているのは、次の2点です。

① 落ち込んだときの対処法（見方を変える・自分の求めているものを変える・自分のしていることを変える）のうち、どれを使うか

② 対処法を実践するための、具体的なアイディア

解答例1

見方を変えるという対処法を使う。

● ① 落ち込んだときの対処法

短い期間でもY部長と一緒に仕事ができたことは自分にとってプラスになったと思う。また、Y部長のように後輩から憧れられるようにさらに実力をつけるチャンスにしようと、見方を変える。

● ② 具体的なアイディア

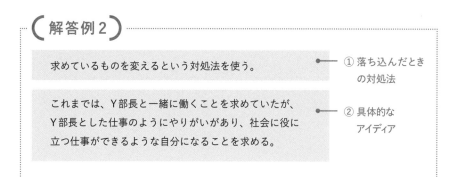

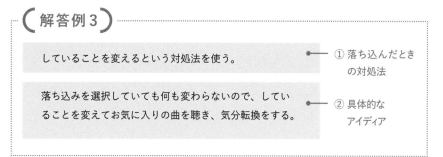

解答例は、あくまでも模範解答の1つです。この答えだけが正解ということではありません。

解答のポイント

次の2点をおさえることができた文章であるかも、あわせて確認をしてみましょう。

☑ どの対処法を使ったかが明確に書かれている
☑ 具体的なアイディアが書かれている

2

設問 ☞ 85ページ

選択理論によると、人が落ち込みを選択した際の効果的な対処法は3つある
と言われています。あなたが過去、仕事において落ち込みを選択した際に、
3つの効果的な対処法のうち、いずれかを使って乗り越えた経験について書
きなさい。なお、もし効果的な対処法を使って乗り越えた経験がなければ、
今であれば、どのように対処するか、想像して書きなさい。

問題の解き方 この設問で聞かれているのは、次の3点です。

① 過去、あなたが落ち込みを選択した出来事

② 落ち込んだときの対処法（見方を変える・自分の求めている
ものを変える・自分のしていることを変える）のうち、どれ
を使ったか

③ 対処法を実践するための、具体的なアイディア

解答例

営業で全社員の中で1位になることを目指していたが、1つ下の後輩に負けて2位になった。	① 過去、落ち込みを選択した出来事
まさか負けるわけがないと思っていたのでとても悔しかったが、次に活かすために、していることを変えた。	② 落ち込んだときの対処法
具体的には、1位になった後輩に対して、プライドを捨ててなぜ高い成果を出すことができるようになったのかを教えてもらった。その結果、非常に勉強になった。	③ 具体的なアイディア

解答例は、あくまでも模範解答の1つです。この答えだけが正解ということではありません。

解答のポイント

次の3点をおさえることができた文章であるかも、あわせて確認をしてみましょう。

☑ 過去、落ち込みを選択した出来事について、具体的に書かれている

☑ どの対処法を使ったかが明確に書かれている

☑ 具体的なアイディアが書かれている

第7章
解決のサークル・選択理論の 10の原理・行動のメカニズム

第7章で学ぶ
ビジネス選択理論能力検定3級公式テキスト**該当範囲**

第1部理論編
9　選択理論適用の考え方の例
10　選択理論の10の原理
11　人間の行動のメカニズム

1. 解決のサークルとは

赤シートを
使おう

> 解決のサークルは、人間関係の不和が生じたときに、問題ではなく
> （　関係性　）にフォーカスすることで解決策を講じていく考え方
> です。

解決のサークルの考え方

☐ 関係性を良くしたいと思っているかどうか、両者から同意をとる

☐ 2人の周りに円があり、円の中は関係性を維持すること、円の外は関係性が破
　綻することを意味していると考える

☐ 円の中で最も重要なことは2人の関係性であり、自分のためや相手のためでは
　なく、「両者の関係性」のために良いことを優先する

☐ 両者がコントロールできることは、自分の思考と行為だけであることを確認する

☐ 両者の関係性を良くするために、「自分が」できる取り組みを互いに行い、関係
　の改善につなげる

　たとえば、お互いに不満をもち離婚を考えている夫婦が、解決のサークルの考え方を使って夫婦関係の改善に取り組む場合、次のような円の中に入っていると考えます。

円の中：
「関係性」を優先し
「自分が」できることをする

円の外：
関係性の破綻
（関係性よりも
　他のことを優先する）

　この考え方は、ビジネスの現場にも応用できます。

　たとえば、同僚や部下が会社を辞めたいと言っている場合です。

　会社がリストラのような形式で、強制的に首を切るつもりもなく、また、本人も本心では会社を辞めたいわけではない場合（辞めたいと言っている理由が、会社や同僚、仕事の状態などに対する何らかの不満である場合）には、解決の糸口があるはずです。

　会社と社員が解決のサークルから出る（＝会社が首を切るか、本人が辞める）選択をしない限り、**両者にとって良い選択肢があると考え、それぞれが雇用関係をよくするためにできることを考えます。**

　ただし夫婦関係とは異なり、会社と社員のほかにもステークホルダーが存在します。**コントロールできない領域を見極め、そのうえで両者の関係を良くするための最善の行動を考える**ことが重要です。

2. 選択理論の10の原理

　グラッサー博士は、選択理論の考え方を 10 の原理としてまとめています。1 つ目から順に読んでいくことで、選択理論の考え方を復習することができます。

> ① 私たちがコントロールできる行動は唯一（　自分の行動　）だけである。

　グラッサー博士は、コントロールできることが自分の行動だけだと意識することで、今まで考えていた以上の自由をもっていたことに気づくと述べています。

> ② 私たちが与えることができるもの、他の人から受け取るものはすべて、（　情報　）である。その（　情報　）をどう処理するかは、それぞれの（　選択　）である。

　グラッサー博士は、次のように例を示しています。「教師は生徒に情報を与えることができ、この情報を使う手助けができる。しかし、教師は、生徒に代わって勉強をすることはできない」。相手をコントロールすることは短期的には何らかの成果を手にすることができるかもしれませんが、長期的には相手との関係を悪化させるだけで、良いことはありません。このことに気づくことで、私たちはより良い人間関係を築けます。

③ 長期に渡るすべての心理的問題は、（ 人間関係 ）の問題である。

グラッサー博士は、みじめさを選択している理由を見つけるために、人生のあらゆる要素を探っていくのは時間の浪費で無意味であると述べています。

④ 問題のある人間関係は、常に私たちの（ 現在 ）の生活の一部である。

グラッサー博士は、「人間関係を探るのに遠くさかのぼる必要はない。問題は、過去のものでも、将来のものでもなく、常に現在の人間関係である」と述べています。

⑤ 過去に起こった苦痛は私たちの現在に大きく関係しているが、この苦痛な（ 過去 ）にふたたび戻ることは、今、私たちがする必要のあること、すなわち、重要な現在の人間関係を改善することに、ほとんど、あるいは全く貢献できない。

グラッサー博士は、「満足していた過去の部分にふたたび戻ることは良いことであるが、不幸はそこに残しておくことだ」と述べています。

たとえば、過去にどうしても許せない経験をしていて、そのことをずっと気にかけ、悔やみ、怒りを覚えている人がいたとします。その人が現在より良い感情を手にし、新しい人間関係を築いていくことを考えた場合、過去の経験を悔やみ続けるという行為は役に立たないということです。なぜなら、過去はコントロールできないからです。

⑥ 私たちは、（　遺伝子　）に組み込まれた5つの欲求、すなわち、生存、愛と所属、力、自由、そして楽しみの欲求によって駆り立てられている。

　グラッサー博士は、「私たちは、他人を助けることはできるが、他人の欲求を満たすことはできない」と述べています。私たちの欲求を自分で満たすことは、私たち一人ひとりの責任でもあるのです。

⑦ 私たちは、（　上質世界　）に入っているイメージ写真を満足させることによってのみ、こうした（　欲求　）を満たすことができる。

　グラッサー博士は、「私たちの知っているすべての中で、上質世界に選択して入れるものが、最も重要である」と述べています。上質世界には破壊的なもの、反社会的なものも入ります。こうしたものは、そのときは快適感情を得られても、たとえば罰せられることによって自由を失うなど、長期的視点に基づいてみると、快適感情を得られなくなる可能性があります。

⑧ 私たちが誕生して死を迎えるまでにできることはすべて、行動することである。あらゆる行動は、（　全行動　）で、4つの分離できない構成要素、行為、（　思考　）、感情、（　生理反応　）によって成り立っている。

⑨ すべての全行動は、動詞、あるいは不定詞や動名詞によって表現され、最も認めやすい要素によって呼ばれる。

⑧⑨の項目について、グラッサー博士は、「この原理を受け入れることは、外的コントロールの信奉者にとっては、居心地が悪い。しかし、これを理解しないでいると、たくさんの自由を失うことになる」と述べています。

選択理論では、落ち込みなども含めたあらゆる行動が自分の選択であることを明示的に理解できるよう、「鬱になった」ではなく、「鬱行動を選択している」と表現します。

⑩ すべての全行動は、選択されたものであるが、私たちが直接コントロール出来る要素は（ 行為 ）と（ 思考 ）だけである。

グラッサー博士は、「このように理解することは、私たちを自由にして、コントロールできないものを避けるようにさせる。私たちの行為と思考を変えることは容易ではないが、私たちにできるのはそれだけである」と述べています。

私たちが現在の状況をより良い方向に改善するときに、できることは自分の行為と思考を変えることだけです。変えられるもの（自分の行為と思考）だけに集中することで、私たちはより多くの自由を得ることができます。

3. 行動のメカニズム

選択理論では、私たちの脳の外側にあるものはすべて（　情報　）と捉えます。情報が脳に入ると、「（　快適　）なもの」「（　不快　）なもの」「（　中立　）なもの」の３種類に区分されます。これらの区分は、情報を受け取った人の（　上質世界　）に何が入っているかによって決まります。上質世界にあるイメージ写真と、脳に入った情報が（　比較　）され、そのギャップが行動を引き起こします。

（参考）
選択理論によって考えられている人間の行動のメカニズムは、右図にある「カラーチャート」という図によって示されています。本書では、行動のメカニズムについての理解を深めるために参考資料として記載します。

※カラーチャートは、３級の出題範囲ではありません。２級および準１級で詳しく扱います。さらに深く学びたい場合は、『ビジネス選択理論能力検定２級・準１級 公式テキスト』をご覧ください。

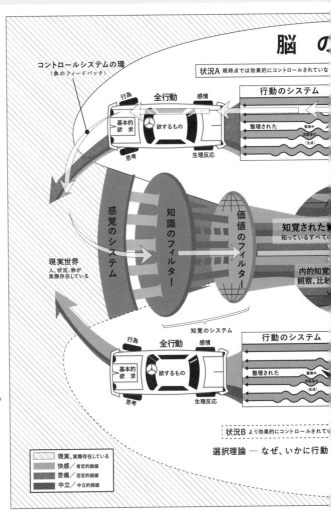

上質世界にあるイメージ写真を手にするために、最も効果的な行動を選択する仕組みが創造システムです。創造システムによって選ばれた選択肢は（　全行動　）として表出します。私たちは思考、行為、感情、生理反応の集合体として、行動を（　選択　）していくのです。

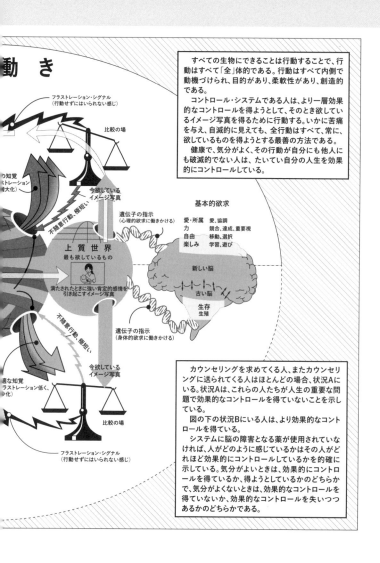

すべての生物にできることは行動することで、行動はすべて「全」体的である。行動はすべて内側で動機づけられ、目的があり、柔軟性があり、創造的である。

コントロール・システムである人は、より一層効果的なコントロールを得ようとして、そのとき欲しているイメージ写真を得るために行動する。いかに苦痛を与え、自滅的に見えても、全行動はすべて、常に、欲しているものを得ようとする最善の方法である。

健康で、気分がよく、その行動が自分にも他人にも破滅的でない人は、たいてい自分の人生を効果的にコントロールしている。

カウンセリングを求めてくる人、またカウンセリングに送られてくる人はほとんどの場合、状況Aにいる。状況Aは、これらの人たちが人生の重要な問題で効果的なコントロールを得ていないことを示している。

図の下の状況Bにいる人は、より効果的なコントロールを得ている。

システムに脳の障害となる薬が使用されていなければ、人がどのように感じているかはその人がどれほど効果的にコントロールしているかを的確に示している。気分がよいときは、効果的にコントロールを得ているか、得ようとしているかのどちらかで、気分がよくないときは、効果的なコントロールを得ていないか、効果的なコントロールを失いつつあるかのどちらかである。

基本問題

1

以下の文章を読んで、空欄①〜⑩に当てはまる言葉を右の解答欄に記入しなさい。

選択理論では、私たちがコントロールできる行動は、唯一（　①　）の行動だけであると考えています。

私たちが与えることができるもの、他の人から受け取るものはすべて（　②　）で、その（　②　）をどう処理するかは、それぞれの（　③　）です。

また、長期に渡るすべての心理的問題は、（　④　）の問題で、常に私たちの（　⑤　）の生活の一部です。

私たちは、（　⑥　）に組み込まれた5つの基本的欲求によって駆り立てられています。私たちは、（　⑦　）に入っているイメージ写真を満足させることによってのみこうした欲求を満たすことができます。

私たちが誕生して死を迎えるまでにできることはすべて、行動することです。あらゆる行動は、（　⑧　）で、4つの分離できない構成要素、行為、（　⑨　）、（　⑩　）、生理反応によって成り立っています。

解答欄

▼ 正解した問題に✔をつけましょう

- [ ] ①　＿＿＿＿＿＿＿＿
- [ ] ②　＿＿＿＿＿＿＿＿
- [ ] ③　＿＿＿＿＿＿＿＿
- [ ] ④　＿＿＿＿＿＿＿＿
- [ ] ⑤　＿＿＿＿＿＿＿＿
- [ ] ⑥　＿＿＿＿＿＿＿＿
- [ ] ⑦　＿＿＿＿＿＿＿＿
- [ ] ⑧　＿＿＿＿＿＿＿＿
- [ ] ⑨　＿＿＿＿＿＿＿＿
- [ ] ⑩　＿＿＿＿＿＿＿＿

正答数

問／**10**問

▶ 解答は100ページにあります

98

2

以下の文章を読んで、空欄①〜⑦に当てはまる言葉を右の解答欄に記入しなさい。

選択理論では、私たちの脳の外側にあるものはすべて（　①　）と捉えます。（　①　）はあくまで（　①　）であり、私たちに何かの感情を引き起こすことはありません。

（　①　）が脳に入ると、「（　②　）なもの」「（　③　）なもの」「（　④　）なもの」の3種類に区分されます。

これらの区分は、（　①　）を受け取った人の（　⑤　）に何が入っているかによって決まります。（　⑤　）は、私たちのもつ5つの基本的欲求を特に強く満たすイメージ写真の集まった（　⑥　）の世界です。私たち一人ひとりの（　⑤　）はすべて異なっており、（　⑤　）には、過度のアルコールや麻薬など、あらゆるものが入る可能性があります。

（　⑤　）にあるイメージ写真と、脳に入った（　①　）が比較され、そのギャップが行動を引き起こします。（　⑤　）にあるイメージ写真を手にするために、最も効果的な行動を選択する仕組みが創造システムです。

創造システムによって選ばれた選択肢は、（　⑦　）として表出します。（　⑦　）とは行為、思考、感情、生理反応の集合体です。

解答欄

▼ 正解した問題に✔をつけましょう

- ☐ ①　_____
- ☐ ②　_____
- ☐ ③　_____
- ☐ ④　_____
- ☐ ⑤　_____
- ☐ ⑥　_____
- ☐ ⑦　_____

正答数

　問／**7**問

▶ 解答は100ページにあります

解答

（ 基本問題　解答 ）

1
① 自分　　　☞ 92ページ参照
② 情報
③ 選択

④ 人間関係　☞ 93ページ参照
⑤ 現在

⑥ 遺伝子　　☞ 94ページ参照
⑦ 上質世界
⑧ 全行動
⑨ 思考
⑩ 感情
（⑨、⑩順不同）

2
① 情報　　　☞ 96～97ページ参照
② 快適
③ 不快
④ 中立
（②～④順不同）
⑤ 上質世界
⑥ 記憶
⑦ 全行動

参考文献

ウイリアム・グラッサー『グラッサー博士の選択理論 幸せな人間関係を築くために』
柿谷正期（訳）、アチーブメント出版、2000

ウイリアム・グラッサー『15人が選んだ幸せの道』柿谷正期・柿谷寿美江（訳）、アチーブメント出版、2000

ウイリアム・グラッサー『警告！──あなたの精神の健康を損なうおそれがありますので
精神科には注意しましょう──』柿谷正期・佐藤敬（訳）、アチーブメント出版、2004

一般社団法人 日本ビジネス選択理論能力検定協会『ビジネス選択理論能力検定3級
公式テキスト』、アチーブメント出版、2013

一般社団法人 日本ビジネス選択理論能力検定協会『ビジネス選択理論能力検定2級・
準1級公式テキスト』、アチーブメント出版、2014

アチーブメント出版

[twitter]
@achibook

[Instagram]
achievementpublishing

[facebook]
http://www.facebook.com/achibook

ビジネス選択理論能力検定3級公式対策本

2021年（令和3年）11月12日　第1刷発行
2024年（令和6年）1月16日　第3刷発行

著　者　　一般社団法人 日本ビジネス選択理論能力検定協会
発行者　　青木仁志

発行所　　**アチーブメント株式会社**
　　　　　〒135-0063　東京都江東区有明3-7-18　有明セントラルタワー19F
　　　　　TEL 03-6858-0311（代）／ FAX 03-6858-3781
　　　　　https://achievement.co.jp

発売所　　**アチーブメント出版株式会社**
　　　　　〒141-0031　東京都品川区西五反田2-19-2　荒久ビル4F
　　　　　TEL 03-5719-5503／ FAX 03-5719-5513
　　　　　https://www.achibook.co.jp

装丁・本文デザイン　　亀井文（北路社）
校正　　　　　　　　　株式会社ぷれす
印刷・製本　　　　　　株式会社光邦

©2021 Business Choice Theory Proficiency Test Association Printed in Japan
ISBN978-4-86643-106-2
乱丁・落丁本はお取り替え致します。

選択理論 関連書籍

ビジネス選択理論能力検定
3級公式テキスト

一般社団法人 日本ビジネス選択理論能力検定協会 著
ISBN978-4-905154-33-4　1,980円（税込）

世界初！ 選択理論をビジネスの分野で適用する
「ビジネス選択理論能力検定」3級公式テキスト
人間関係とパフォーマンスを両立するメソッドを凝縮

ビジネス選択理論能力検定
2級・準1級公式テキスト

一般社団法人 日本ビジネス選択理論能力検定協会 著
ISBN978-4-905154-71-6　2,640円（税込）

世界に広がりを見せる「選択理論」に基づく、
マネジメントの理論と実践
「ビジネス選択理論能力検定」2級・準1級公式テキスト

グラッサー博士の選択理論
幸せな人間関係を築くために

ウイリアム・グラッサー 著　柿谷正期 訳
ISBN4-902222-03-6　4,180円（税込）

「すべての感情と行動は自らが選び取っている！」
人間関係のメカニズムを解明し、
上質な人生を築くためのナビゲーター

15人が選んだ幸せの道

ウイリアム・グラッサー 著　柿谷正期・柿谷寿美江 訳
ISBN4-902222-08-1　3,080円（税込）

15人が選び取った新しい人生の物語。
「強迫神経症」「夫の浮気」「落ちこぼれ」
「パニック症候群」「自殺願望」……
よりよい人生を送りたい人に最良の本

選択理論 関連書籍

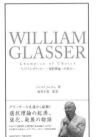

ウイリアム・グラッサー
〜選択理論への歩み〜

Jim Roy 著　柿谷正期 監訳
ISBN978-4-905154-83-9　4,180円（税込）

5年間にわたる本人へのインタビューがついに公式伝記化！
グラッサーの生涯からひもとく
選択理論の起源、進化、発展の物語

テイクチャージ
選択理論で人生の舵を取る

ウイリアム・グラッサー 著　柿谷正期 監訳
ISBN978-4-86643-001-0　3,080円（税込）

グラッサー博士の遺作となった選択理論の入門書
選択理論の心を日常生活に活用すれば
幸せな人生への舵取りができる

クォリティスクール・ティーチャー

ウイリアム・グラッサー 著　柿谷正期 監訳
ISBN978-4-86643-100-0　1,980円（税込）

1993年、1998年に米国で刊行。選択理論を
教育に取り入れ、教育界に変革をあたえた1冊！
生徒の心をつかみ、教育に変革をもとめる
教育者のための実践書

警告！──あなたの精神の健康を損なうおそれが
##　　　　ありますので精神科には注意しましょう──

ウイリアム・グラッサー 著　柿谷正期・佐藤敬 訳
ISBN4-902222-16-7　2,640円（税込）

従来の精神医学界に衝撃の楔（くさび）が打ち込まれた！
あらゆる精神疾患の方々に朗報をもたらす
画期的ガイドブック